ESSAI DRAMATIQUE

SUR

L'ADORATION DES ROIS MAGES.

Évangile du jour de l'Epiphanie, *Cùm natus esset*, etc.

Astiterunt reges terræ adversùs Dominum et adversùs Christum ejus! Qui habitat in cælis irridebit eos et Dominus subsannabit vos.

Les puissances de la terre se sont élevées contre le Seigneur et contre son Christ. Celui qui habite les cieux, le Seigneur se rira de leurs vains projets.

L'auteur de cet Essai dramatique en a pris le fond dans l'Évangile précité : pour donner plus d'animation au sujet, il a cru pouvoir créer quelques circonstances de scène et de caractère. Ainsi, le songe d'Hérode qui semble annoncer l'arrivée des Rois-Mages ; ses emportements suivis d'une rétractation profondément hypocrite ; sa prière superstitieuse et égoïste à Jéhovah; ses appréhensions mêlées d'espoir et de sanglante cruauté : l'emprisonnement des Mages ; la candeur et la noblesse de toute leur conduite : la délibération du Sanhédrin au temple; les projets ambitieux des deux ministres.

Cet Essai, qui n'est en réalité qu'une ébauche bien défectueuse, pourra peut-être donner à une plume autrement exercée dans ces sortes de compositions l'idée d'écrire, sur cet admirable et dramatique sujet du saint Évangile, un chef-d'œuvre dans le genre d'Esther et d'Athalie.

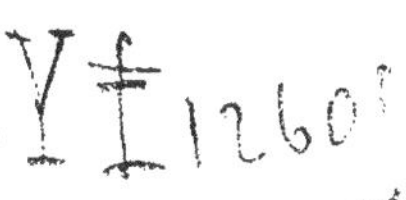

PERSONNAGES.

HÉRODE, Roi de la Judée, lieutenant des Romains (Iduméen).

MARCELLUS et QUIRINUS, Ministres d'Hérode (Romains).

JULIANUS, Officier des messages (Romain).

AZA, Intendant des prisons (Iduméen).

IBRAHIM, Valet de chambre d'Hérode (Syrien).

GASPARD, MELCHIOR, BALTAZARD, Rois-Mages (Chaldéens).

JOÏADA, (2e du nom) Grand-Prêtre (Juif).

AZARIAS, MISAEL, Princes des Prêtres (Juifs).

ABDÉNAGO, JESSÉ, ÉLIACIM, URIAS, Scribes du peuple (Juifs).

ÉLIE, Domestique du Grand-Prêtre (Juif).

GABRIEL, Archange.

GARDES ET SOLDATS.

ACTE PREMIER.

Chambre à coucher du Roi. (Monologue) Songe.

HÉRODE.

Cruelle, affreuse nuit !... Ce songe m'épouvante...
Un enfant souriant... une main menaçante...
Le sang autour de moi coulant de toutes parts,
Mon sceptre et ma couronne inutiles remparts,
Me laissent le jouet d'une occulte puissance...
Mon cœur palpite encore... Allons !... quelle démence
Travaille ma raison, me fait balbutier ?...
Qu'un vulgaire ignorant consente à s'effrayer
De songes vaporeux, d'images fantastiques :
Laissons cette faiblesse aux esprits fanatiques...
Mais Hérode !... mais moi !... ma redoutable main
Fait tout courber ici sous le sceptre Romain :
Moi le maître !... moi craint !... moi, d'Auguste et de Rome
Favori couronné, j'ai peur d'un vain fantôme !
Moi qui, dans ma jeunesse, au milieu des combats,
Le premier sur la brêche, affrontai vingt trépas !...
Moi qui, sorti sans nom des champs de l'Idumée,
Ai bien pu sur un trône asseoir ma renommée !
Et, c'est moi, qui tremblais !!! ô délire !! mais quoi ?
Un horrible frisson m'agite, malgré moi...
Le feu brûle mon front... un noir souci me ronge...
Je crois sentir un fer qui dans mon sein se plonge...
Mes genoux chancelants. *(Il s'affaisse sur son siége.)*

JULIANUS, *à l'entrée du théâtre.*

Quelle paleur de mort !...

A part.

Le prince est-il malade ou le jouet du sort ?
Ce front naguère encor droit, superbe, impassible
Me paraît s'affaisser sous un poids invisible :
Peut-être un cauchemar, enfant des sombres nuits,
Dans son âme a versé la coupe des ennuis...
Il s'éveille, approchons.

HÉRODE, *levant lentement la tête.*

A part.

Quel surcroit de tristesse !...
Julianus témoin d'une indigne faiblesse...

Peut-être a-t-il surpris à ma bouche échappé
L'objet de la terreur dont mon cœur est frappé ?...
Mais son sort, après tout, dépend de ma puissance...
Je puis donc aisément m'assurer son silence,
Parlons lui sans détour : il pourra me servir.
Haut.
Mon cher Julianus, un grave déplaisir
M'a mis en un état qui troublerait le sage ;
Un songe, avis des dieux, (je le crains) me présage
Un complot que peut-être on ourdit contre moi :
Je l'avoue ; on est homme avant que d'être roi...
Pour moi, si je n'avais qu'à perdre un diadême...
Mais le bonheur des miens m'est plus cher que moi-même !!
Des troubles de ton roi témoin sûr et discret
En toi-même renferme à jamais ce secret.
Ce trouble est passager : une nuit l'a fait naître ;
Le jour, j'en ai l'espoir, le fera disparaître.

JULIANUS, *saluant.*

Roi, vivez à jamais... voué soit aux enfers,
A la haine des dieux, l'indiscret, le pervers,
L'indigne serviteur dont la langue traitresse
Oserait divulguer cette humaine faiblesse !...
Les dieux m'en sont témoins... mon honneur est garant...
Et si mon roi le veut, je suis prêt au serment.

HÉRODE.

Non, non, Julianus : ta parole est loyale...
Quel sujet donc t'amène à l'heure matinale ?

JULIANUS.

Trois princes étrangers, à l'air sombre et rêveur,
Dans Solime ont produit une immense rumeur :
Entrés, pendant la nuit, dans cette capitale,
Ils parlent d'un enfant de naissance royale...
Arrivant au palais ils demandent le roi.

HÉRODE, *troublé.*

A part.
Cette annonce imprévue augmente mon émoi...
Pressentiment fatal... triste coïncidence...
Haut.
Je veux bien leur donner l'honneur d'une audience...
Ces princes, qui sont-ils ? laissent-ils pressentir
Le but de leur voyage (*A part.*) Un tardif repentir
Serait-il donc le prix de ma condescendance ?

JULIANUS.

On les dirait, seigneur, condamnés au silence :
Un seul des trois parla, ce fut pour demander
La présence du roi, sans plus longtemps tarder...
Cependant une foule et compacte et bruyante
Aux portes du palais attend impatiente :
Dans ce bruissement de confuses rumeurs,
Je n'ai rien distingué que de vagues clameurs.

HÉRODE.

De ces princes errants, se couvrant du mystère,
On peut tout soupçonner :... Qu'un œil sûr et sévère
Les suive pas à pas et tâche d'éclairer
Des desseins que j'ignore et qu'il faut pénétrer :
De mon joug, je le sais, ce peuple se fatigue,
Il frémit sous son frein : je crains donc une intrigue...
Le salut de ton roi repose entre tes mains ;
Ta fortune dépend de mon sort... des Romains
Tu pourrais encourir la terrible disgrâce...
Que m'importe, pour moi ; l'âge qui me menace
Se hâte de compter le reste de mes jours ;
Mais pour les miens, pour toi, vivre et régner toujours,
C'est le vœu quotidien qui, du fond de mon âme,
Vers l'Olympe sacré, sur des ailes de flamme,
S'élève radieux et d'un vol empressé,
Accueilli par les dieux, par le Sort repoussé...
Convoque et réunis la cohorte hérodienne,
Des lois et de l'Etat la fidèle gardienne ;
Fais sonner la trompette et que tous, sans retard,
Officiers et soldats suivent leur étendard,
L'étiquette sans doute le veut ; mais la prudence
L'exige encor bien plus : pendant cette audience,
Sois prêt au premier mot... bien aimé serviteur,
Compte-moi désormais ton royal débiteur.
Il suffit ; tu comprends : sur toi je me repose...

JULIANUS.

L'honneur de vous servir, si je puis quelque chose,
Est le prix le plus grand que j'estime avant tout.

HÉRODE.

Ton zèle est éprouvé, je le sais, et partout
Je l'ai vu pur et franc... Va donc, de ma promesse
Tu connaîtras le prix. (*Julianus sort.*)
Hélas ! quelle tristesse.
Enveloppe mon cœur comme d'un froid linceul !!
Les hommes me font peur :... je voudrais vivre seul...

Mais pourquoi me troubler? mon sang-froid, mon courage,
Ont plusieurs fois fixé la fortune volage
Prête à m'abandonner... Allons faisons le roi!...
Du Destin, quelqu'il soit, sachons subir la loi ..
Imposons par nous-même et par notre entourage,
A ces trois étrangers ou la crainte ou l'hommage. (*Il sort.*)

JULIANUS, *reparaissant seul.*

A nos principaux chefs le mot d'ordre est donné :
Dans la cour du palais la trompette a sonné;
La cohorte royale est déjà sous les armes...
Mais l'état du monarque excite mes alarmes,
Dans une seule nuit, frappé de nullité
Son esprit est tombé dans la caducité...
J'y puis à peine croire... oh ! ce n'est plus lui-même !!
C'est un enfant qui craint jusqu'à son ombre même...
Un songe l'a troublé... trois hommes lui font peur...
De l'âge, quoique prince, il subit la rigueur...
Puisse donc, dépouillant cette humaine faiblesse,
D'Hérode la raison reparaître en maîtresse !! (*Il sort.*)

ACTE DEUXIÈME.

Salle du Trône.

IBRAHIM, *disposant la salle.*

Le maître avance en âge et non point en bonté...
Ses ordres aujourd'hui sont empreints d'apreté...
Comme il est soucieux ! son regard étincelle;
Le feu semble jaillir de sa sombre prunelle;
Sa voix, fidèle écho de sa farouche humeur,
Laisse échapper des mots qui glacent de terreur...
Quelque complot sans doute allume sa colère ;
Ah ! les complots pour lui semblent sortir de terre
Comme les fleurs des bois au retour du printemps;
Son esprit défiant, s'ingénie, en tous temps,
A créer, sur ses pas, un essaim d'homicides
Occupés à former des projets régicides...
Père injuste, égoïste! époux sombre et sans cœur,
D'un jeune adolescent, de son fils il a peur...
Il a peur de la reine, il a peur de lui-même...
Roi tyran, maître inique, ombrageux à l'extrême,

Sa folle ambition fait son juste tourment...
  Qu'un sceptre teint de sang pèse cruellement !!!
Mais le voici venir; la séance royale.
Va commencer. *(Il sort.)*

HÉRODE, *avec ses deux ministres.*

Hélas ! quelle étoile fatale.
Influença la nuit qui me donna le jour !
Tant d'obstacles vaincus, surmontés tour à tour.
N'ont pu lasser le ciel... le Sort, avec envie,
Comme un cruel vautour, s'acharne sur ma vie...
Que lui ai-je donc fait?... Les dieux sont inhumains !!!
Mais voici.

(Les trois Mages précédés par Julianus et par deux officiers, suivis de la garde: — La garde reste au bas du théâtre. — Les Mages se placent sur l'avant-dernière marche. — Hérode debout entre ses deux minitres.)

GASPAR.

Gloire à toi, grand pasteur des humains !!
De tes trois serviteurs excuse la hardiesse :
Daigne les éclairer d'un rayon de sagesse...
Nous venons...

HÉRODE.

Etrangers, trève de compliment :
Dans quel but venez-vous? parlez sincèrement...

MELCHIOR.

Prince, avant de marcher sur tes royaux domaines.
Nous avons parcouru bien des plages lointaines ;
Celle qui nous vit naître, où nous vivons heureux,
Se nomme la Chaldée... un ciel pur, radieux,
Y répand mille éclats : la nature prodigue
A nous offrir ses dons, jamais ne se fatigue :
L'astre brillant du jour, céleste bienfaiteur,
Fécondant nos climats par sa riche chaleur,
Centuple la moisson confiée à la terre...
L'abondance et la paix sont le fruit salutaire,
De ce nouvel Eden... La guerre et ses horreurs,
Proscrite en nos pays, étrangère à nos mœurs,
N'ensanglanta jamais le sol de la Chaldée
Digne d'être la sœur de ta belle Judée...
  Par naissance héritiers de paisibles Etats,
Nous régnons en pasteurs plutôt qu'en potentats :
L'olivier, en nos mains, a remplacé le sceptre ;
Chacun de nous gouverne en père et non en maître...

HÉRODE, *avec impatience.*

Pourquoi ces vains discours? Vous êtes Chaldéens;
Venez-vous demander l'amitié des Romains?

BALTHASAR.

Que des ambitieux, briguant le rang suprême,
Fascinés par l'éclat que jette un diadême,
Du peuple conquérant intéressés flatteurs.
Aillent baiser la main qui donne les honneurs,
Honneurs, hélas! souvent tout gonflés de tempêtes.
Dont le déchaînement abat les hautes têtes;
Libre à eux de gravir, par ce chemin rampant,
Un semblant de pouvoir, éphémère, inconstant,...
— Pour nous, en possession d'un droit héréditaire,
A quoi peut nous servir une alliance étrangère?
L'amitié des Romains ne peut guère tenter
Ceux que l'ambition ne saurait agiter...
Malheur à qui se fie aux aigles arbitraires!!!
Rome fait de ses rois des vassaux tributaires.

HÉRODE, *avec hauteur et indignation.*

Etrangers, j'aperçois, sous ce ton persisfleur,
Les traits empoisonnés que, dans votre impudeur,
Vous décochez sur moi : Non, je ne puis permettre
Qu'un sein de mon palais on insulte le maître :
Ces traits provocateurs, par avance acérés,
Me laissent entrevoir des desseins préparés :
Laissez-là, croyez-moi, ce dangereux langage...
Expliquez donc enfin le but de ce voyage.

BALTHASAR.

Prince, si j'ai blessé, par un trait imprudent,
Celui que je croyais de Rome indépendant,
Souffre la liberté d'un discours trop sincère :
Je le mets à néant, puisqu'il t'a pu déplaire...
Un plus noble motif nous appèle à ta Cour;
Nous pouvous l'avouer sans honte et sans détour :
Daigne, Prince écouter ce qui me reste à dire
Sur un fait dont devra s'honorer ton empire...
Les Rois de la Chaldée, instruits par leurs aïeux,
Ont appris, dès l'enfance, à lire dans les cieux,
Les grands événements que le Très-Haut déroule
Et qu'il jette aux regards étonnés de la foule :
Le vulgaire ne voit, dans ces jeux lumineux
Qu'un spectacle sans but, qu'un hasard curieux;
Mais le sage penseur aux regards diaphanes,

Apperçoit des secrets cachés aux yeux profanes,
Les étoiles, pour nous sont un livre parlant;
L'avenir s'y révèle ainsi que le présent...
— Le vingt-cinq de thébath (*), dans la nuit azurée.
Un globe scintillant, sous la voûte éthérée,
D'un céleste décret muet révélateur,
Sur nos têtes répand sa nouvelle splendeur :
Tout l'Orient s'émeut... chacun vit un présage
Dans l'apparition du radieux message...
Mes deux amis en hâte arrivent près de moi...
Nos regards contemplaient le phare de la foi;
Quand d'en haut une voix, (je crois encor l'entendre)
Laisse tomber ces mots qu'un mortel ne peut rendre...
« Un enfant vous est né ; de la race des Rois
« Céleste rejeton, sous son joug, sous ses lois,
« En tout temps, il verra s'incliner tous les âges;
« Allez mettre à ses pieds vos dons et vos hommages... »
Elle dit et soudain, l'astre guidant nos pas,
S'avance devant nous jusques en tes états;
Entrant, pendant la nuit, dans cette capitale,
Nous vimes s'échapper dans une ombre fatale,
Notre guide éclipsé... Mortelle anxiété!!!
Ta sagesse, ô Grand Roi, ton auguste bonté,
Voudront bien suppléer l'infidèle lumière...
De toi, si de nouveau le ciel ne nous éclaire,
De nos perpléxités nous attendons la fin...
Ce monarque naissant où le chercher enfin ?
Cet objet de nos vœux, tu le connais sans doute?...
Ailleurs faut-il encor poursuivre notre route?...
De ton illustre sang cet enfant est-il né?
Au déclin de tes ans, le ciel t'a-t-il donné
Cette ineffable gloire ? ou d'un tronc populaire,
Rameau miraculeux, d'une ombre tutélaire,
Doit-il un jour couvrir tous les peuples divers?
Fallût-il de nouveau parcourir les déserts?
Rien ne peut arrêter l'élan de notre zèle
Quand le ciel a parlé, c'est chose criminelle,
De se décourager pour un dernier effort...
Le pilote s'enflamme à l'approche du port!!!
A tes lèvres tu vois triplement suspendue
Notre anxieuse attente... est-elle donc perdue?...
Non : le ciel n'a voulu qu'éprouver notre foi;
Sur toi, nous reposons, notre espoir, ô Grand Roi!...
Un mot... nous l'attendons.

(*) *Thébath*, nom d'un mois chez les Juifs.

HÉRODE, *avec colère.*

Imposteurs émérites,
Du monsonge artisans.... vos langues hypocrites
Décèlent des projets ennemis de mon rang... !!!
La haute trahison me donne votre sang !!!....
Appuyé sur mon droit, fort de votre faiblesse,
Je vous laisse une vie empreinte de bassesse :
Mon mépris sera seul tout votre châtiment ;
Je vous rendrai témoins d'un honteux dénoûment :
Vous parlez d'un enfant d'incroyable naissance
Qui vient anéantir ma royale puissance...!!
Un prodige au berceau, le Roi de l'univers
Qui doit faire crouler tous les trônes divers !!
Un fantôme Aérien dont le destin sublime
Dans un astre voyage ici jusqu'en Solime !!!
Mensonge puéril, dessein prémédité,
Impie avant-coureur d'un complot projeté...
Quoi !... Vous osez ici traiter ma déchéance !!!
Sachez qu'Hérode ici ne craint nulle puissance.
Officiers de ma cour, quel est donc votre Roi ?
(Les officiers s'inclinent.)
D'ineptes trahisons s'ourdissent contre moi...
Gardiens de votre Roi, la main sur votre épée,
Surveillez ces héros d'une triste équipée.
(Les officiers tiennent l'épée nue).

GASPAR.

Ce que je viens d'entendre est pour moi comme un songe...
Non, Prince, non : jamais l'astuce et le mensonge,
La noire trahison, la basse hypocrisie,
N'ont souillé de leur fange une innocente vie !!!
Fais trève à des soupçons qui nous blessent au cœur.....
Le nom que nous portons, du reproche vainqueur,
Ne craint pas le grand jour d'une sévère enquête... !!!
Si la couronne doit te tomber de la tête,
C'est le secret d'en haut... que nous importe à nous ?
Et s'il faut encourir ton injuste courroux,
Nous saurons, sans orgueil comme aussi sans bassesse :
Réclamer du très-haut qu'à nous il s'intéresse :
C'est lui qui nous envoie... Echos de vérité,
Nous t'avons exprimé du ciel la volonté...
Prince, nous l'avons dit ; une voix surhumaine,
Un astre conducteur...

HÉRODE, *interrompant vivement.*

Qu'en prison on les mène...
Les Mages sont emmenés par la garde).

LE MÊME, *à Julianus.*

Des ordres souverains fidèle messager,
Sans retard, car je sens le trouble m'assiéger,
Va trouver le Grand-Prêtre et son conseil suprême ;
Et par ordre du Roi dis leur qu'à l'heure même
Un bien grave motif, ennemi de délais,
Réclame leurs avis et les mande au Palais...
N'ajoute pas un mot si ce n'est pour leur dire
Qu'à leur démarche tient le salut de l'empire...

(Julianus sort).

LE MÊME, *aux ministres.*

Vous, ces secrets d'Etat honorés confidents,
Allez, de ma pensée organes éloquents ,
Revevoir en mon nom, la tribu lévitique...
— A pleines mains, brulez l'encens honorifique
De compliments flatteurs — de propos gracieux...
Puisse-je ainsi tirer des secrets précieux !!
Des lévites trompés l'âme sans défiance
S'ouvrira devant nous en toute confiance.

(Les ministres sortent).

HÉRODE, *seul.*

Sous mon trône se creuse un abîme sans fond...
Vais-je donc y tomber?... mon esprit se confond...
Essayons d'apaiser Jéhovah l'invincible :
Peut-être qu'à mes pleurs je le rendrai sensible :
Debout.
— O puissant Dieu des Juifs !... J'ai blasphêmé ton nom !
J'ai méprisé les lois de ta religion !!...
J'ai répandu le sang...tu vois un grand coupable...
Ah ! j'ai trop mérité ta colère équitable !
Je le jure!!!... mes pleurs de ma foi sont gardiens...
Je vengerai tes droits... mais laisse moi les miens !!!
A genoux.
Grand Dieu juste et clément, désarme ta vengeange !!!
Je t'implore à genoux... révoque ta sentence..,
Hérode se rassied.

JULIANUS.

Le Sanhédrin est là, Seigneur, peut-il entrer ?

HÉRODE.

Lui seul : ne laisse ici personne pénétrer.

(Le Sanhédrin précédé des ministres entre et va se placer devant Hérode).

HÉRODE, *debout entre ses deux ministres.*

Pontife du Très-Haut, vous, tribu lévitique,
Interprêtes versés dans la loi mosaïque,
Vous, de mon peuple aimé conseil sage et sacré,
Vous n'ignorez pas que, du méchant éxécré,
Armé dans l'intérêt de la nation sainte,
Mon bras ne craint que Dieu, mais n'a nulle autre crainte :
— La douceur de mon joug, mon règne paternel,
Me sont un sûr garant de l'amour d'Israël :
Si parfois ma conduite a paru trop sévère ;
Il faut en accuser un devoir nécessaire...
Du pouvoir souverain apanage flatteur,
La CLÉMENCE est souvent pour l'Etat un malheur...
Autrefois contre vous, tribu sacerdotale,
Malgré moi, prévenu d'un haine fatale,
Haine que je voudrais, sans égard pour mon rang,
Expier, sous vos yeux, dans les flots de mon sang,
J'eus le courage affreux, au salut de l'empire,
(Je le croyais ainsi poussé par le délire).
D'offrir en holocauste un sang pur et sacré,
Un sang qu'on me disait en tous lieux abhorré...
— Etranger à vos lois si saintes et si belles,
En vous, on me montrait des ennemis rebelles
Acharnés à détruire un pouvoir contesté
Dont on m'avait chargé, contre ma volonté...
— Ah ! si j'eus connu mieux et vos lois et vous-mêmes ;
Je me fusse épargné des déboires extrêmes !!!
Triste condition des princes souverains,
Trompés, sans vouloir l'être, on les juge inhumains !!
Pourquoi le Dieu des Juifs, pour terminer ma peine,
Ne rend-il à vos vœux un monarque indigène ?...
Il le fit autrefois, il peut le faire encor...
   Sous des lambris dorés, dans une coupe d'or,
Je bois, depuis longtemps, un poison délétère
Versé par Jéhovah, dans sa juste colère,
Le remords !!... depuis peu, soutenu par l'espoir,
Avec moins de dégoût, je subis le pouvoir...
   La couronne est un poids trop lourd pour ma vieillesse :
Rome me l'imposa, Rome était la maîtresse ;
En esclave, il fallut, sous sa main me courber ;
Hélas ! quand donc verrai-je enfin mes fers tomber !!!
— Des volontés de Dieu sacrés dépositaires,
Vos livres inspirés, oracles séculaires,
Aux enfants d'Abraham, peuple choisi des cieux,
Annoncent un enfant qui doit régner sur eux :

— Qu'il naisse cet enfant, votre Roi légitime !!
Qu'il vienne de mes maux fermer le noir abîme!!
Heureux d'être à ses pieds, je bénirai son nom!...
A vous, lévites saints, pontife de Sion ;
De calmer les douleurs de ma trop longue attente,
Et de rasseréner mon âme impatiente...
En quel temps, Jehovah, le Dieu de vos aïeux,
De son peuple chéri doit-il combler les vœux !...
Quelle heureuse cité, soumise à ma puissance,
A mon libérateur donnera la naissance?...
Puissiez-vous me répondre ; ô prince infortuné,
Trève aux gémissements, car ce monarque est né !!!
Au plus vite, scrutez vos pages prophétiques...

JOÏADA.

Ce discours imprévu, ces aveux authentiques,
Nous comblent de bonheur, de surprise à la fois :
Du Sanhédrin reçois l'hommage par ma voix ,
Au temple nous allons scruter la prophétie
Qui précise à tes vœux l'époque du Messie.
(Le Sanhédrin sort).

MARCELLUS.

Ces lévites, Seigneur, tant de fois révoltés,
Pourraient bien renouer leurs complots avortés :
Par vous-même enhardis, sur un peuple en délire.
Tout puissants, ils pourront mettre en feu tout l'empire.
Pourquoi, Seigneur, pourquoi cette incroyable peur?
A ces Juifs impuissants vous faites trop d'honneur...
N'êtes-vous plus Hérode, au cœur fort et terrible?
N'êtes-vous plus l'ami de Rome l'invincible?
Ce peuple, contre vous plusieurs fois insurgé,
Dans son néant se vit à l'instant replongé ;
Et s'il tentait encor de secouer ses chaînes,
Creusons lui son tombeau sous nos aigles romaines !!

HÉRODE.

J'admire, pour ton Roi, ta belliqueuse ardeur...
Mais pour moi, je ne sais quelle vague frayeur
M'accable et me poursuit... néanmoins, je l'espère,
Je pourrai pénétrer le fond de ce mystère...
Mon plan est arrêté ;... mes trois Iduméens,
Ces lévites aussi serviront mes desseins...
Dans une heure, venez ici ; je vous convie ;
Vous saurez si j'ai fait défaut à mon génie.
(Hérode et ses deux ministres sortent).

ACTE TROISIÈME.

Le Temple de Jérusalem. — Le Sanhédrin réuni.

Un pupitre et un livre de la loi.

JOÏADA.

Mes frères, à la haine a succédé l'amour :...
Le ciel ne nous a pas enchaînés sans retour
Au joug d'un étranger : admirons la puissance
De ce Dieu qui chatie en sa haute clémence :
Il sait, quand il est temps, de son souffle vainqueur,
Assouplir et dompter un indomptable cœur :
Hérode, ce tyran impie, atrabilaire,
Contre nous abusa d'un pouvoir sanguinaire...
Quel subit changement !... le loup se fait agneau :
De ses vœux il appèle un monarque nouveau :
— Dieu d'Abraham, longtems ta trop juste disgrâce,
Comme un sceptre de fer pesa sur notre race!!!
La clémence triomphe!!! ô peuple du Seigneur,
Lève la tête enfin, car voici ton vengeur !!

ÉLIE, *serviteur du Grand-Prêtre.*

L'ancien du peuple, Amos, petit-fils du Prophète,
Vient d'entrer au parvis par la porte secrète;
Au Grand-Prêtre il demande à parler sans retard;
Il attend.

JOÏADA.

A part.

Maïs quoi donc? Que veut ce saint vieillard ?

Haut.

Je m'y rends sans tarder *(Elie sort).*

Au conseil.

Pendant ma courte absence,
A l'Esprit Créateur demandez assistance... *(Joïada sort).*

CHOEUR-CHANT.

Venez, créateur de nos âmes,
Esprit-Saint qui nous animez;
Brulez de vos célestes flammes
Les Cœurs que vous avez formés (*bis*).
Venez, venez, venez,
Embrasez nos cœurs de vos feux (*bis*).

SOLO.

Visitez nous, Dieu de lumière,
Source de paix et de bonheur,
Don du Très-Haut, feu salutaire,
Charme de l'esprit et du cœur. (*bis*).

CHOEUR.

Venez, Créateur.....

SOLO.

Envoyez-nous cette lumière
Qui scrute les hauteurs des cieux ;
Révélez à notre prière
Ce qu'ont désiré nos aïeux. (*bis*).

CHOEUR.

Venez Créateur.....

SOLO.

Dieu de Jacob, Dieu de nos pères,
Longtemps irrité contre nous,
Ayez pitié de nos misères,
Calmez enfin votre courroux.

CHOEUR.

Venez Créateur.....

SOLO.

De votre loi les saints oracles,
Les livres sacrés vont s'ouvrir ;
Eclairez-nous, Dieu de miracles,
Faites-nous voir notre avenir.

CHOEUR.

Venez Créateur.....

JOÏADA, *rentrant.*

Dans ce cœur recouvert par les glaces des ans,
Vers un nouveau Joas quels chaleureux élans !!!
Amos espère, avant le suprême passage,
Voir finir des hébreux le trop long esclavage...
Qu'ai-je appris ? tout s'ébranle : et Solime en émoi...
Et trois Orientaux arrivés chez le Roi...
Ils se disent porteurs d'un céleste message...
Ils parlent d'un enfant, d'un royal personnage
Né depuis quelques jours : sous le ciel d'Orient,
Dans un astre ils ont vu ce grand événement...
Je n'ose me livrer trop tôt à l'espérance...
L'heure a-t-elle sonné de notre délivrance ?
Du Seigneur la promesse est formelle : pourquoi
Ces bruits, cette ambassade, et cet appel du Roi ?
Scribes parlez.

ABDÉNAGO.

J'allais, en parcourant Solime,
Pour le jour du sabbat; acheter la victime,
Quand du peuple agité le flot tumultueux
Vient arrêter mes pas : surpris et anxieux,
J'interroge, à loisir la rumeur populaire...
Trois étrangers, montant chacun un dromadaire,
Allaient, quand je les vis, pénétrer au Palais :
Ce sont trois rois, dit-on ; l'emblême de la paix,
Un rameau d'olivier peint sur leur oriflamme,
Fit éclore un rayon d'espérance en mon âme :
Du destin des Hébreux divinement instruits,
L'étoile de Jacob ici les a conduits.

JESSÉ.

On les dit descendants des rois de la Chaldée,
Astrologues fameux... au cœur de la Judée,
Une force invisible a dirigé leurs pas
Vers le but aspiré, des enfants de Judas.

ELIACIM.

On croit qu'ils sont venus des confins de l'Asie,
Pour chercher en ces lieux le berceau du Messie...
Leurs chameaux sont chargés d'or de myrthe et d'encens,
Riches dons de Saba, mystérieux présents;

URIAS.

Du nouveau Roi des Juifs ils cherchent la présence :
D'un astre qui les guide au lieu de sa naissance,
Il suivent, disent-ils, le flambeau précurseur,
Ces nouvelles ont mis tout le peuple en rumeur.....

JOÏADA.

Les temps sont accomplis... le Désiré du monde
Déjà peut-être est né d'une Vierge féconde :
Quelle tribu, quel lieu partageront l'honneur
Aux hébreux asservis de donner un Sauveur?
A genoux.
Adjurons Jéhovah de nous être propice... *(Pause).*
Relevés.
Ouvrez les livres saints, princes du sacrifice,

AZARIAS, *ouvrant le livre, indiquant du doigt.*

Voici comment Jacob, sur le point de mourir,
Prédit que notre chef de Juda doit sortir.
(Le Grand Prêtre vérifie le texte.)

MISAEL, *ouvrant à une autre page, indiquant.*

Voilà le lieu, marqué par l'un de nos prophêtes,
D'où l'on verra surgir de nos antiques fêtes
Le grand restaurateur dont l'invincible main
Brisera, pour jamais, le sceptre du Romain.

(Le Grand Prêtre vérifie de même).

JOÏADA.

Les faits contemporains... nos livres prophétiques,
Annoncent le retour des splendeurs Judaïques...
On n'en peut plus douter ; le temps semble expiré
Où Jacob, notre père, a vu le Désiré...
Bethléem est le lieu d'où l'enfant des promesses
En vainqueur sortira, pour finir nos détresses!!!
Allons apprendre au Roi les décrets éternels,

AZARIAS.

Rendons gloire au très-haut, par des chants solennels :
Tout l'univers est plein de sa munificence...
Aux enfants des Hébreux il donne l'espérance...
Israël, tu gémis sous un joug oppresseur !!!
Le vois-tu qui paraît !... c'est ton libérateur...

CHOEUR-CHANT.

Tout l'univers est plein de sa magnificence ;
Qu'on l'adore ce Dieu , qu'on l'invoque à jamais :
Son empire a des temps précédé la naissance ,
Chantons , publions , chantons , publions ,
Publions ses bienfaits.

SOLO.

En vain, l'injuste violence
Au peuple qui le loue imposerait silence;
Son nom ne périra jamais ;
Le jour annonce au jour sa gloire et sa puissance.

CHOEUR.

Tout l'univers.....

SOLO.

Il daigna révéler aux enfants des Hébreux
De ses préceptes saints la lumière immortelle ;
Il voulut à ce peuple heureux
Ordonner de l'aimer d'une amour éternelle ..

CHOEUR.

Tout l'univers.....

SOLO.

O divine, ô charmante loi!
O justice, ô bonté suprême!
Que de raisons, quelle douceur extrême
D'engager à ce Dieu son amour et sa foi!!
O divine, ô charmante loi!
O justice, ô bonté suprême!

CHOEUR.

Tout l'univers.....

ACTE QUATRIÈME.

Salle du Trône. — Hérode entre ses deux Ministres. Le Sanhédrin devant lui.

JOÏADA.

Hérode, vis heureux... ton auguste vieillesse
Peut jouir du repos sans remords, sans bassesse;
Tu te fais, du pouvoir spontané déserteur,
Des célestes décrets le noble exécuteur,
Béni soit Dieu qui, pour accomplir ses oracles,
Fait, dans l'âme des rois, d'inespérés miracles !!...
Contre nous, instrument du céleste courroux,
Sans le savoir, ta main frappa de justes coups;
Pour notre nation victimes solidaires,
Nous payâmes au ciel la dette de nos pères :
Bravant de Jéhovah la sainte volonté,
Ils lassèrent cent fois la suprême bonté:
C'est sur nous que tomba le poids de la vengeance ;
Aujourd'hui nous pouvons d'une douce allégeance
Saluer l'heureux jour... Prince réparateur,
En croyant nous punir, tu fus notre sauveur...
Pour les fils de David symbole héréditaire,
La couronne fatigue une tête étrangère;
Palladium sacré du repos des humaius,
Le sceptre devient lourd pour tes tremblantes mains :
Prince, console-toi ; ta légitime plainte
A trouvé de l'écho dans la céleste enceinte...
Celui que nos aïeux ont vu dans l'avenir,
Est déjà parmi nous ou doit dans peu venir;
Tel est le sens bien clair du livre des prophètes;
Ainsi l'ont expliqué nos doctes interprêtres...

Jacob.

Le chef de nos tribus, d'un regard défaillant,
Vit, pour ses descendants, un avenir brillant :
« Juda, s'écria-t-il, de ta race choisie,
« Naîtra pour les hébreux un Sauveur, un Messie,
« Quand tes fils auront vu, par un sort merité,
« Aux mains des étrangers tomber leur royauté...
Monarque Iduméen, je te laisse à conclure...
Pour nous, nous avons foi dans l'infaillible augure.
Le lieu de sa naissance est clairement écrit :
Voici comment Michée aux tribus l'a prédit.

Michée, Isaïe.

« O cité de Juda, pour jamais mémorable,
« Béthléem, de ton sein sortira l'admirable,
« Le prince de la paix, le Dieu fort et puissant,
« Des conseils du Très-Haut l'immortel confident,
« Celui devant lequel tous les rois de la terre
« Abaisseront le front jusque dans la poussière ;
« Des siècles à venir père et législateur,
« De l'univers soumis divin réformateur ;
« Conquérant merveilleux dont la toute puissance
« Fera ranger le monde à son obéisance ;
« Enfin le roi des rois, le fils de l'Eternel
« Dont le bras sauvera le peuple d'Israël,
Quand Dieu, prince, quand Dieu parle par son prophète,
C'est lui-même qui parle, il faut courber la tête...

HÉRODE.

Je n'en puis plus douter !... longtemps sourd à mes cris,
Le ciel enfin va mettre un terme à mes soucis :
J'adore, comme vous, ce forfuné présage
Dont vos pères vous ont conservé l'héritage ;
Précieux héritage et pour vous et pour moi !!
Oui, pour vous, c'est le prix d'une invincible foi ;
D'un repos désiré c'est pour moi l'assurance...
A jamais soyez sûrs de ma reconnaissance !!!

(Le Sanhédrin se retire. Arrivés au bas du théâtre, le dos tourné vers Hérode.)

AZARIAS.

Mes frères vénérés, Pontife de Sion,
Je dois vous l'avouer .. cette conversion
Me fait peur... il me semble y découvrir un piège...
Ce noir pressentiment me poursuit et m'assiège...
Un calme trop soudain, sous un ciel nébuleux,
Est signe précurseur de quelqu'orage affreux...
Maître d'un grand secret, il peut tout entreprendre !!!

JOÏADA.

Jéhovah est le maître... il saura nous défendre.
(Le Sanhédrin se retire.)

AZA.

Prince, les trois captifs, par ton ordre arrêtés,
Par moi, sur l'heure même, ont été visités ;
Façonné, dès longtemps à scruter le coupable,
J'ai cru ne voir ici qu'une erreur... excusable,
Erreur involontaire et qu'explique en un roi
Des Etats en péril l'inprescriptible loi...
Permets-moi cet accent d'une vieille franchise...
A ton trône ma foi, tu le sais, est acquise...
Mais Aza connaît bien ton magnanime cœur
Sans pitié pour le crime, indulgent au malheur...
Dans ces trois prisonniers j'ai vu des cœurs candides,
Incapables d'ourdir des complots régicides ;
Un noble étonnement, des réponses sans fard,
Tout me fait voir en eux les jouets du hazard :
Une étoile... une voix... leur puéril langage
D'une raison virile atteste peu l'usage...
Il répugne à l'honneur de retenir captifs
Trois innocents rêveurs, hommes inoffensifs...
En te parlant ainsi, j'ai souci de ta gloire,
Et voudrais t'épargner le blâme de l'histoire.

HÉRODE.

La politique doit son tribut à l'erreur ;
Mais n'est-il pas d'un roi, des peuples le tuteur,
De faillir une fois, par excès de prudence?.....
De nos Juifs tu connais l'incurable espérance
Qui porte leurs désirs vers un nouveau destin ;
Rêvant un avenir que tout montre incertain ,
Ils pourraient soulever un désastreux orage
Qui fît sombrer l'Etat, dans un honteux naufrage...
A ta voix, néanmoins, je suspends ma sentence...
En ta fidélité j'ai pleine confiance :
Je sais ton zèle franc et ta capacité ,
Ton dévoûment, ton tact et ta sagacité.....
Retourne à la prison : par d'adroits stratagêmes,
Cherche à voir s'ils ne sont que les dupes d'eux-mêmes...
Cette épreuve ainsi faite et certain du succès ,
Dis-leur qu'avec bonheur je les mande au palais.....
Pour cette étrange erreur peins leur toute ma peine ;
Qu'une escorte d'honneur en princes les ramène... (*Aza sort.*)
Enfin je crois toucher ce complot ténébreux !!!

J'en jure par le Styx !!! j'en briserai le nœud.....
De ces Juifs, je comprends la fanatique audace ;
Mais de leur Enfant-Roi je vais suivre la trace.....
Venez, je vous attends, prophètes Chaldéens,
Opportuns instruments de mes secrets desseins !!!
Hâtons-nous d'effacer de leur âme naïve
Le gênant souvenir d'une ire intempestive :
Les voici ; simulons les larmes.....

(Les Mages apparaissent : Hérode feint de ne pas les voir encore.)

Trés-haut.

Qu'ai-je fait !!!

O mortel désespoir !!... ô l'inouï forfait !!!
Je ne suis pas coupable et je dois le paraître !!....
Ce mal, ce mal hideux me tyrannise en maître !!!...

(Les mages approchent. Hérode se lève.).

Est-ce vous que je vois, ô princes vénérés,
Des décrets du Très-Haut confidents inspirées !!!
Oh ! comment ; sans mourir revoir votre présence !!!
Ma honte et mes remords vous donnent la vengeance...
Remords, bourreaux de cœur, pourquoi vous acharner
Sur celui que le ciel ne saurait condamner ?...
Princes trop offensés, pardonnez à mon âge,
A mes profonds chagrins, l'involontaire outrage
Qu'un incurable mal, démence d'un moment
Fît, sur de nobles noms, rejaillir indûment...
Elevé, malgré moi, sur ce funeste trône,
De Rome, comme un joug je reçus la couronne :
Pour avoir immolé ma chère liberté,
En prix on ne m'offrit qu'un Etat indompté :
Combien de fois, hélas ! un poignard régicide
Ne s'émoussa-t-il pas sur mon heureuse égide !
Toutefois, j'espérais qu'armé de la douceur,
De mes nouveaux sujets je vaincrais la fureur :
Vain espoir... hier encore un mensonger libelle
Soulevait contre moi, un sanguinaire zèle ;
Dans Solime il n'est bruit que trois rois conjurés,
Par les grands du royaume en secret attirés,
Viennent, avec l'appui d'une nombreuse armée,
Délivrer d'un tyran la Judée opprimé.
Eh quoi !... le joug d'un père est-il lourd à porter ?
Pour prix de mon amour, pourquoi se révolter ?
Puis-je, moi, leur donner ce que Dieu leur refuse,
Un prince de leur sang ?... n'ai-je pas, pour excuse
Du poste qu'à leurs yeux je remplis indûment,
Les incessants chagrins d'un fatal dévoûment ? ..
Consentant à régir cette humble tétrarchie,

Je les ai délivrés d'une horrible anarchie...
N'eussé-je pas été plus sage et plus heureux ;
En les laissant, sans chef, se déchirer entr'eux ?...
Tant de coups répétés, dans mon âme assombrie,
Ont fait éclore, hélas ! de la misantropie
Le germe indestructible, inhérent à mes sens !
—Obsédé de complots sans cesse renaissants,
Un mot, un geste, un rien, tout enfin m'exaspère ;
Alors pour un instant, ma raison s'oblitère ;
Ce n'est plus l'homme alors, dans sa lucidité...!
C'est l'odieux jouet de la fatalité
L'être le plus déchu, posé devant ma vie,
Me paraît posséder un destin que j'envie !!
Que je suis donc à plaindre, obligé d'être Roi !!!

MELCHIOR.

Tu nous brises le cœur : prince, console-toi...

HÉRODE.

Mais comment oublier ce qui me désespère ?...

GASPAR.

Un affront n'atteint pas, s'il n'est pas volontaire...
Eussions-nous pu jamais, sous ton front couronné,
Croire à tant de douleurs, monarque infortuné !!
Hâte-toi d'oublier (ma bouche t'en adjure)
Ce qu'il n'est plus permis de nommer une injure.

HÉRODE.

Divin présent des cieux, chaste hospitalité,
A ton culte pardonne une infidélité !!
Hôtes au noble cœur, à vous reconnaissance !!!
Oh ! je puis désormais sourire à l'espérance...
Allez, princes, allez... oui, l'aérien flambeau
Devant vous marchera jusqu'au royal berceau ;
Et s'il vous refusait, par un secret mystère,
Le secours directeur de sa belle lumière
Un instinct surhumain dirigerait vos pas
Vers le maître naissant des rois, des potentats...
  La porte des brebis, au sud de cette ville,
Ouvrira devant vous une route facile
Vers la blanche Cité, la gloire de Sion,
Vers le but présumé de votre mission :
Les oracles écrits dans la loi mosaïque
Exaltent Bethléem, dans leur chant poétique...
« De ton sein, Bethléem, par arrêt éternel,
« Doit sortir un grand chef, monarque universel...

Que ne m'est-il donné, suivant vos nobles traces,
D'aller voir, avec vous, la fin de mes disgrâces !!
Mais je veux respecter, loin d'en être jaloux,
Le choix mystérieux que le ciel fit de vous :
Quand vos aurez trouvé le futur roi du monde
Que, depuis si longtemps dans ma douleur profonde,
J'appèle, tous les jours, par mes pleurs, par mes vœux ;
Quand vous aurez trouvé cet enfant merveilleux,
Pleins de votre bonheur, ah ! pensez à moi-même,
A cet esclave roi qu'écrase un diadême...
A votre heureux retour s'ouvrira mon palais...
Daigne Dieu m'envoyer, avec vous, de la paix
L'Ange Consolateur !!! douce paix que j'ignore,
Je te vois sous les traits d'une riante aurore!!!
De mon âme excusez le transport exalté....
L'espérance est un port cher à l'adversité...
O jour tant désiré !!! descendant de ce trône,
J'irai mettre mon sceptre et ma triste couronne
Aux pieds trois fois bénis de mon libérateur.

GASPARD.

Nous n'en pouvons douter : le ciel réparateur,
Accessible à tes vœux, touché de ta souffrance,
Fait lever, sous tes yeux, un soleil de clémence...
Instrument des Romains et victime à la fois,
Trève aux amers accents de ta plaintive voix...
C'en est fait : le ciel las d'un pouvoir sanguinaire,
D'injustes conquérants va délivrer la terre...
Prince, tu l'as bien dit un sceptre contesté
Aux dépens du bonbeur est toujours acheté...
Puisse notre retour, dans ton âme abattue,
Tarir l'affreux poison qui lentement la tue !!!

MELCHIOR.

Des célestes clartés un doux rayonnement
Traverse mon esprit, l'éclaire en ce moment :
Notre guide éclipsé dans peu va reparaître,
Oui, dans peu, nous verrons de l'univers le maître...
Au comble de nos vœux, sensibles à tes maux,
Vers toi nous presserons nos dociles chameaux.

HÉRODE.

O ciel... entends le cri de ma reconnaissance !!!
Anges de paix, allez : hâtez ma délivrance...
Des mains d'un roi captif faites tomber les fers...

(Les Mages s'en vont.)

QUIRINUS.

Gloire au roi !! les complots vont être découverts :
L'esprit d'un souverain habile en l'art de feindre,
L'emporte sur la main qui ne sait que contraindre ;
On parvient à dompter un peuple turbulent ,
Quand du joug despotique on voile l'élément :...
Le glaive peut donner d'éphémères conquêtes ;
Les succès d'aujourd'hui demain sont des défaites :
Le glaive, au sein troublé des plus petits Etats,
Comprime les esprits, mais ne les dompte pas...
Pour gouverner les Juifs, d'humeur si peu traitable,
Rome, dans vous, seigneur fit un choix introuvable...
« O Sanhédrin des Juifs, conseil ambitieux,
« Tu vas voir fondre en eau ton destin nuageux..,
« O rêveurs Chaldéens, ô candides prophètes,
» L'enfant-roi fabuleux n'est né que dans vos têtes !!

HÉRODE.

Ce ton gratulateur, d'épigrammes semé ,
Ne peut ôter le poids de mon cœur opprimé :
Je sais qu'on vente en moi l'habile politique ;
Je viens de mettre à l'œuvre une rare tactique ,
Il est vrai ; mais hélas ! il l'emporte sur moi
Le jaloux Dieu des Juifs, auteur de mon effroi !!!
Ce songe plein de sang... cette promesse écrite
D'un chef qui doit sortir de la race proscrite...
Des princes accourus du fond de leurs déserts...
Un signe lumineux voyageant dans les airs...
Un bruit sourd, menaçant, répandu dans Solime...
Tout donne à mes soucis un motif légitime.
Mais de mes pélerins attendons le retour ;
Je veux qu'avec splendeur, on les fête à ma cour :
Leurs crédules esprits se prendront à ce piège ;
Et moi... d'un mal obscur je connaîtrai le siège...
Si, pour sauver l'Etat, les dieux veulent du sang ;
Vive l'aigle de Rome et périsse un enfant !!!

MARCELLUS.

Peut-être, je l'avoue, une intrigue nouvelle
S'attaque au nom Romain, en ce pays rebelle
Pour moi, quoiqu'étranger aux mystiques terreurs,
Je conçois, dans un roi, de prudentes frayeurs :
Mais des songes menteurs... des vapeurs somnifères...
Faut-il s'inquiéter de nocturnes chimères ?
Laissons, seigneur, venir nos dupes Chaldéens ;
Et de ce vain complot la trame est dans nos mains.

HÉRODE.

Je sais apprécier ton zèle et ta franchise ;
Sache aussi respecter une erreur bien permise,
Quand d'une affreuse nuit le spectre plein d'horreur,
Comme un cruel vautour, me déchire le cœur...
D'un deuxième Joas je pressens la surprise ;
Mais je saurai noyer cette infâme entreprise ;
Dans le sang d'un enfant, victime pour l'Etat.
Afin de prévenir un plus grand attentat:
C'est un sang innocent ; mais il est nécessaire
A la gloire de Rome, au salut populaire...
Mes trois ambassadeurs vont dans peu revenir ;
Par tous moyens, cherchez à les circonvenir :
Je vous laisse. *(Hérode s'en va.)*

MARCELLUS.

Mais quoi ! quel danger le menace ?
De sérieux périls je ne vois nulle trace :
Des fantômes de nuit... de puérils rêveurs !!
Je savais son humeur ombrageuse et traitresse ;
Mais comment expliquer chez lui tant de faiblesse ?

QUIRINUS.

Chaque jour sa raison s'oblitère : vraiment!!!
Auguste doit briser ce débile instrument...
Descendant de Caïus, vainqueur de Coriole,
Toi l'ami de César et du sénat l'idole,
Marcellus, aisément tu pourrais supplanter
Ce morose vieillard impuissant à porter
L'honorable fardeau du pouvoir:... ta naissance,
Non moins que tes vertus, t'ont fait pour la puissance...
L'histoire, avec fierté, rappèle tes aïeux ;
On sent courir en toi leur sang pur, généreux:
César, en te plaçant sur les marches d'un trône,
N'a voulu que t'apprendre à porter la couronne...
Le temps semble venu de frayer ton chemin ;
Aujourd'hui, s'il le faut, sans attendre demain ;
Toutefois, je ne veux agir qu'avec prudence,
D'un aveugle hazard ne point courir la chance :
Adulons, encensons les grands de la cité ;
Au peuple promettons bien-être et liberté.

MARCELLUS.

Tu sors, cher Quirinus, des races plébéiennes;
Un sang patricien n'arrose point tes veines ;
Mais aux yeux de Thémis, le sang est sans valeur,

S'il ne prend point sa source en la vertu du cœur.
La noblesse n'est point le prix de l'héritage...
Des services rendus, du civique courage
Emblême glorieux, sur un nom plébéien,
Elle sait imprimer le sceau patricien...
Dans l'empire, ton nom ne passe point sans gloire ;
Partout, de tes hauts faits on vante la mémoire :
Si quelqu'un (mis à part la noblesse du sang)
Est digne de régner, tu prends le premier rang.
Toutefois, si les Dieux me font monter au trône ;
Avec toi je prétends partager la couronne.

QUIRINUS.

A ce noble langage, on connaît Marcellus :
Collègue au noble cœur, tu veux, de Quirinus
Oubliant l'origine est l'infime naissance,
Avec toi l'élever à la haute puissance :
J'accepte, noble ami, tes royales faveurs...
—Attendons le retour des princes voyageurs...
Leur rentrée au palais secondera mes vues...
Devant eux, déplorant les facultés perdues
D'Hérode encor naguère habile potentat,
Incapable aujourd'hui de régir un Etat :
Par mes soins, ils verront que ce petit empire,
Sans crime et sans danger, d'un esprit en délire
Ne peut plus recevoir l'élément conducteur...
Que, sans retard, il faut un plus sage moteur...
—Exaltant jusqu'aux cieux leurs vertus, leur sagesse,
« Princes, je leur dirai, le danger qui nous presse
« Ne saurait-il toucher vos magnanimes cœurs?
« Vous pouvez prévenir d'indicibles malheurs :
« Que l'un de vous consente à ceindre la couronne ;
« La Judée applaudit et Rome vous la donne... »
—Ce discours achevé, certain de leur refus,
Je mets au piédestal mon ami Marcellus :
Je relève, à leur yeux, son illustre naissance,
Sa rare habileté, sa bonté, sa vaillance ;
Je le leur montre enfin tel que j'ai pu le voir,
Seul digne de régner, seul à ne le vouloir ;
« Ah ! princes leur dirai-je, aidez mon impuissance
« A vaincre d'un sauveur la noble résistance... »
—De leur vaine recherche et confus et honteux,
Sur Marcellus sans doute ils porteront leurs vœux ;
Charmés de s'épargner, par cette circonstance,
La honte d'un voyage entâché de démence...
—Je convoque soudain le Grand-Prêtre et les siens ;

Au conseil je me rends avec mes Chaldéens :
—Leur présence aidera le succès du langage
Que je dois exposer devant l'aréopage,
L'aéropage juif, objet de nos mépris,
Mais que notre intérêt doit flatter à tout prix...
En ces mots, à peu près, j'ouvrirai la séance...
« —Ministres du Très-Haut, trop longtemps, le silence
« A retenu captif un secret important ;
« Il me tarde aujourd'hui de le rendre éclatant ;
« Sous les iniques lois d'une humble servitude,
« J'ai toujours admiré votre fière attitude ;
« Cette fierté native est un présent des cieux
« Et vous l'avez puisée au sang de vos aïeux...
« Un séculaire instinct, des promesses antiques,
« Annoncent, à l'envi, vos destins magnifiques :
« Quel peuple en fût plus digne ?... un tyran forcené
« Prétend vous asservir... un enfant nouveau né,
« Introuvable, incertain, contre un dur esclavage
« Pourrait-il seconder votre mâle courage :
« Cessez d'attendre en paix un brillant avenir :
« Il est demain à vous ; il faut le conquérir...
« Vous attendez un roi, conquérant, invincible,
« Père de ses sujets, aux nations terrible,
« Bon, loyal, vertueux, protecteur de vos lois,
« Descendant des héros, défenseur de vos droits...
« Le ciel à fait, pour vous, ce monarque modèle,
« De l'immortel David imitateur fidèle...
« J'ai nommé Marcellus... Dieu l'a fait votre roi...
« Romain par le hasard ; mais vôtre par sa foi..
« Ardent admirateur de votre illustre histoire ;
« Ses vertus et le ciel l'appellent à la gloire
« De donner à vos rois un brillant successeur,
« Et de rendre aux Hébreux leur antique splendeur...»
Le conseil ébloui par ce trompeur mirage,
De son ambition le reflet et l'image,
Sourira, je le crois, à ce plan séducteur,
Prêt à braver du roi l'impuissante fureur :
Le peuple, ici surtout, orgueilleux et mobile,
A la voix du Grand-Prêtre et crédule et docile,
Croira, dans Marcellus, reconnaître pour roi,
Celui dont Jéhovah, pour son peuple, à fait choix...
—Tout Solime est en feu : les chefs de nos milices,
Instruments indignés de barbares caprices,
Dès longtemps mécontents, retireront leur foi
Au despote tombé, pour la donner à toi...
Hérode est dans ses fers, tout ici l'abandonne...

—Le sceptre dans la main, en tête la couronne,
Par les prêtres conduit, par le peuple acclamé,
Tu viens inaugurer un régne bien aimé...
Moi-même je me hâte et vers Rome je vole ;
A César, au sénat je porte la parole :
Annoncant du vieux roi le fortuné trépas,
(Je réponds de sa mort) je ne balance pas
A peindre la Judée, inquiète, unanime,
Demandant Marcellus pour son roi légitime...
Ton nom cher aux Romains, d'un peuple entier la voix,
Ne rendent point douteux cet infaillible choix.....
Voilà, cher Marcellus, le plan que je médite ;
Puisse être le succès égal à ton mérite !!!

MARCELLUS.

Tout en toi, Quirinus, doublement me confond :
Ta sublime vertu, ton esprit si profond :
L'un te donne le droit d'aspirer à l'empire,
L'autre te fait plus grand que je ne puis le dire :
Je cède cependant puisqu'ainsi tu le veux,
De suivre tes conseils m'estimant trop heureux :
Pourquoi faut-il, hélas ! qu'une vaine naissance
A mon indignité donne la préférence ?
Je ne consens pourtant à porter le pouvoir
Qu'avec le fort soutien de ton fécond savoir...
Incomparable ami, pardonne quelques larmes,
Si la victoire un jour vient couronner nos armes,
Je veux que Quirinus ennoblisse son nom
D'un titre de province ou d'une nation :
Je veux que celui qui me donne un diadême
Soit honoré partout à l'égal de moi-même...
Je te laisse mûrir ton projet... moi, je vais
Pour nos chers voyageurs préparer le palais.

ACTE CINQUIÈME.

Crèche de Béthléem.

Un berceau avec l'Enfant Jésus.— Un fanal à trois branches allumé sur la crèche. — Deux statues, 1° de la Ste Vierge, 2° de St. Joseph. — Les trois Mages apparaissent.

MELCHIOR, *paraissant continuer une conversation.*

Le ciel me l'inspirait... à nos yeux éclipsée
L'étoile n'a cessé de luire à ma pensée...

Les desseins du Très-Haut sont cachés; mais, pour moi,
Dans l'éclipse j'ai vu l'epreuve de ma foi;
Cette épreuve n'a point troublé ma confiance :
Quand Dieu daigne parler, il mérite créance...
Voyez en traversant cette blanche Cité,
Notre guide plus prompt et plus vif de clarté,
Désireux d'arriver au terme du voyage...
Stimulons nos chameaux, redoublons de courage :
Mais que vois-je? ô bonheur!... en croirai-je mes yeux?
Me trompé-je?... mais non... il s'arrête en ces lieux...
Voyez comme il s'incline et verse sa lumière
Sur le toît délabré de cette humble chaumière!!!
En faisceaux arrondis, son disque flamboyant,
D'une triple auréole offre l'aspect brillant...
Chaque pas nous conduit de mystère en mystère...
Quoi! c'est donc là l'abri du maître de la terre!!!
Mais il sied mal à nous, trop aveugles humains,
De sonder du Très-Haut les actes souverains...
Mon cœur est agité.... je le sens... c'est lui-même,
Celui que nous cherchons... c'est le maître suprême...
Le silence imposant qui règne dans ces lieux
Me paraît plus divin que le concert des cieux...
Ce réduit ignoré, d'où la foule est absente,
Parle plus à mon cœur qu'une cour opulente...
— O rayon inspiré!!! ô divine clarté!!!
S'ouvre devant mes yeux la céleste Cité!!!
Qu'y vois-je? un trône vide, éclatant de lumière!!
Le fils de l'Eternel est allé sur la terre,
Afin de racheter du péché les humains...
Immortel; mais soumis aux décrets souverains,
Il veut naître et mourir... en ce lieu qu'il honore,
Je vois des Anges saints la foule qui l'adore...
— Entrons et déposons notre hommage à ses pieds.

(Les Mages vont s'agenouiller devant la crèche. Un esclave porte la corbeille des présents, l'or, l'encens et la myrrhe.)

GASPAR.

Monarque-enfant, salut... nos fronts humiliés,
Malgré le voile obscur qui couvre ta naissance,
Reconnaissent en toi l'ineffable puissance:
Ton nom fait retentir les sublimes hauteurs :
Les esprits immortels adorent tes grandeurs...
De l'Eternel séjour transfuge volontaire,
Pour tout le genre humain tu te fais tributaire...

— De cet encens reçois la symbolique odeur
(On brule de l'encens.)
Que l'homme fait monter jusqu'à son créateur...
Daigne agréer cet or, signe de ta puissance ;
(On offre de l'or.)
Tout l'univers rangé sous ton obéissance ;
Et les peuples nombreux, les sujets et les rois,
S'inclineront devant tes immortelles lois:
Daigne accepter aussi la myrrhe aromatique,
(On offre de la myrrhe.)
De ta mort volontaire emblême prophétique ;
Les siècles à venir diront que l'immortel
Pour sauver les humains, s'est fait homme mortel...
Oui, nous le proclamons, dans une foi profonde ,
En toi, nous saluons le futur roi du monde...
Nous adorons en toi de la divinité
Le cachet inhérent à ton humanité...
De tes trois serviteurs exauce la prière ;
Sur le monde répands ta nouvelle lumière :
Que les humains, trompés par de fausses lueurs ,
Quittent le joug honteux de leurs vieilles erreurs !!
— Bénis notre retour, bénis notre Chaldée...
Jouis de ton bonheur, trop heureuse Judée !!!
De ton sein fécondé par l'envoyé des cieux
La justice et la paix s'épandront en tous lieux.....
Salut hommage à toi, Mère prodigieuse !!!
Les siècles , à l'envi , te diront bienheureuse !!!
Salut , homme béni , paternel protecteur
De celui qui connaît Dieu *seul* pour son auteur !
— Grâces nous te rendons , legislateur suprême,
De nous avoir conduits vers un autre toi-même !
— Ici, nous comprenons qu'un splendide palais
Suppose la grandeur, ne la donne jamais ;
Puisque ton fils, aux cieux la grandeur ineffable,
Pour dompter notre orgueil, vient naître en une étable !!
— Nobles amis, goutons, en ce lieu vénéré,
— Auprès de l'Enfant-Dieu, le repos désiré.
Sous ce chaume ennobli : ... noble toit, saint asile,
A nos sens fatigués donne un sommeil tranquille !!!
Heureux d'avoir été, des plages d'Orient,
Appelés des premiers près du divin Enfant !!!
— Nos vœux ainsi comblés, selon notre promesse,
D'Hérode nous irons consoler la tristesse.
Puisse-t-il, sous ce toît, divin consolateur,
Bénir, dans cet enfant, son cher libérateur !...
Demain, à pas pressés, nous marchons vers Solime.

BALTHAZAR.

Entre ce prince et nous s'est ouvert un abîme :
Un noir pressentiment, malgré moi, me poursuit...
Pendant que je dormais, dans la dernière nuit,
Un spectre humain, armé d'un glaive infanticide,
S'offrit à mes regards, et d'un geste homicide,
Prophète de malheur, me dit-il, vois le sang
Dont ce glaive est couvert, c'est le sang de l'enfant...
Hérode !!! c'était lui... tout glacé d'épouvante
Je veux fuir ; je ne puis... une odeur repoussante
Attire mes regards sur un sol tout sanglant
Où gît de nouveaux-nés un essaim expirant...
Sur son front soupçonneux je lus... *hypocrisie*...
Tantôt agneau menteur, tantôt tigre en furie,
Il caresse, il déchire... un langage trompeur
De ses lévres descend, comme un miel séducteur...
— En vain, à mon réveil, dans ce sinistre songe,
Je m'obstine à ne voir qu'un nocturne mensonge ;
Cette image de sang reparaît, malgré moi ;
Je lutte et je ne peux lui refuser ma foi : ...
Dieu puissant ; scrutateur des coupables mystères,
A mes esprits troublés accorde tes lumières !!!
Doux sommeil, viens calmer l'angoisse de mon cœur !!!
(Les mages s'étendent sur des fauteuils et paraissent dormir.)

GABRIEL, (*une petite fille vêtue de blanc.*)

Ne craignez point... je suis l'envoyé du Seigneur...
Fuyez le roi cruel... l'artifice, en son âme,
Prépare, à cet enfant, la mort...

LES MAGES, *se levant.*

(*Ensemble.*) Fuyons l'infâme !!!

BALTHAZAR.

Rendons gloire au Très-Haut ; il sait, quand il est temps,
De son souffle briser la trame des méchants !!!
Quel horrible noirceur dans ce cœur hypocrite !!!
D'Hérode à jamais soit la mémoire maudite !!
Fuyons avec dégoût ce monstre ; en nos Etats
Au plus vite rentrons : dérobons lui nos pas :...
Divin enfant, adieu... près de toi le ciel veille...
Oui, de tes hauts destins nous verrons la merveille.
(Les Mages se retirent.)

FIN.

Amiens. — Imp. de Lenoel-Herouart, rue des Rabuissons, 10.

www.ingramcontent.com/pod-product-compliance
Ingram Content Group UK Ltd.
Pitfield, Milton Keynes, MK11 3LW, UK
UKHW020517230726
13925UKWH00005B/2182

9 782013 387958